San Juan 14:1-3

"«No se turben; crean en Dios y crean también en mí. En la casa de mi Padre hay muchas habitaciones. De no ser así, no les habría dicho que voy a prepararles un lugar. Y después de ir y prepararles un lugar, volveré para tomarlos conmigo, para que donde yo esté, estén también ustedes."

Segunda Edición Junio 2022
Por Claudia Bermeo-Grajales. Psicoterapeuta y Consejera Clínica Católica
Colaboración de Libia Rodríguez Psicóloga y consejera Clínica Católica

Duelo en Ausencia
Manual para Líderes
Acompañamiento en el
Proceso de sanación de duelo por un ser querido

Un camino de sanación
desde los valores y
creencias católicas

Índice

INTRODUCCIÓN

La muerte de un ser querido es una de las situaciones más dolorosas que enfrenta toda persona; perder a alguien, es una experiencia que necesita ser compartida, acompañada, sostenida por abrazos, por oración, por miradas compasivas, palabras de cariño, respetuosos silencios, lo que hace que el doliente se sienta acompañado en su pérdida. A partir de ese momento, se inicia un proceso llamado "duelo", que implica una serie de reacciones con alto contenido emocional, y diversas manifestaciones que están directamente relacionadas con la personalidad del doliente, su capacidad de afrontamiento, su vivencia de fe en Dios y su actitud ante la muerte. Para esto se hace necesario un adecuado acompañamiento y dirección en su manejo y lograr la sanación.

La participación en un grupo de apoyo para aceptar la pérdida permite al doliente darse cuenta de que no está solo, que tiene una persona o grupo de personas que quieren ayudarle a comprender lo que pasó y ofrecerle la posibilidad de ajustarse nuevamente a la vida; a entender que la historia de su familiar está tratada con respeto, al igual que sus pensamientos y sentimientos.

El grupo de apoyo tiene, por tanto, un valor terapéutico cuando su facilitador o líder, además de su compromiso en acompañar al doliente, ha recibido adecuada formación, sobre cómo afrontar el duelo y cómo manejar el dolor y la muerte, viviendo los acontecimientos a la luz del amor de Dios, es aquí donde surge la necesidad de integrar la dimensión espiritual dentro de este proceso como parte esencial del mismo.
El fin del acompañamiento es permanecer al lado de la persona que sufre dolor por la pérdida de un ser querido, escuchar su dolor y validarlo: darle tiempo para la expresión emocional. Así pues, el líder ofrece un marco de apertura, comprensión y aceptación muy propicio para que el doliente pueda recorrer con libertad su propio camino del duelo.

El siguiente documento plantea elementos teóricos y prácticos sobre los grupos de apoyo; se centra en ellos como espacios productivos para el manejo del duelo porque permiten la expresión del dolor, propiciando al mismo tiempo la búsqueda de alternativas para el manejo y adaptación saludables a la pérdida.

Por medio de esta capacitación, recibirás instrucción sobre la estructura de un grupo de apoyo en el duelo, orientado desde la fe católica, sin dejar de lado el conocimiento psicológico y emocional que tú como coordinador debes manejar asertivamente.

COMPROMISO DE FIDELIDAD

Yo _____ y Yo _____
(Nombre de los líderes)

Nos comprometemos a seguir fielmente el manual para líderes, y a estudiar la cartilla de los participantes. Preparándonos antes, durante y después del curso. Me prepararé con oración y Eucaristía, ofrecidos por la sanación de las personas que participaran en el curso, por el desarrollo del mismo, y por el desenvolvimiento de nosotros como líderes.

Nos comprometemos a no cambiar, no quitar ni agregar ninguno de los aspectos de este manual. Con el firme propósito de ayudar de manera adecuada y dirigida cada sesión de acompañamiento que se lleve a cabo. Por respeto a sus autoras, quienes entendemos que realizaron este curso en debida oración y respuesta en obediencia a las inspiraciones del Espíritu Santo.

En constancia de mi compromiso, firmo y me comprometo.

_____   _____   _____
Nombre del líder   Firma   Fecha

_____   _____   _____
Nombre del líder   Firma   Fecha

Claudia Bermeo – Grajales   ~~Firma~~   06/29/2022
Nombre del Autor   Firma   Fecha

PRIVILEGIO DE SER LÍDER

PRIVILEGIO DE SER LÍDER

Acompañar es "ponerse en camino para encontrar a Dios" y mirar la vida con fe, es decir, convencidos de que Dios trabaja en la historia y puede intervenir en la medida en que nosotros se lo permitimos.

El acompañante, líder o coordinador de un grupo de apoyo en el proceso de duelo, tiene que ser una persona capaz de comprometerse en los acontecimientos de la historia personal y colectiva, mirar con compasión y comprensión a las personas que están sumergidas en un proceso de crisis de pérdida, así pues, el acompañamiento requiere una mirada de acogida que nace del corazón.

Apoyar al que sufre, supone un acto desde la libertad y el amor, se da una reciprocidad del uno por el otro (acompañante y acompañado) se empieza a crecer en el conocimiento de la propia realidad, y con humildad, hacer compañía, participar en el sentimiento y ayudar a la curación y restaurar esperanza.

El acompañamiento es el arte de compartir lo aprendido en la acción diaria. Acompañar, por lo tanto, exige estar capacitados y dispuestos a formarse, asesorarse y trabajar en equipo; clarificar hasta dónde estamos dispuestos a llegar en esta tarea y tener decisión para intervenir.

El líder en este proceso es un acompañante espiritual, pues debe contar con una fe profunda en Dios, creer en el perdón como acto sublime de sanación emocional, dar garantía de tranquilidad y brindar respuestas razonables ante los temores y miedos que afloren en el proceso de elaboración del duelo.

Debe tener cualidades especiales para lograr lo siguiente:

- **Descubrir a la persona**: Conocimiento de la "geografía" del mundo espiritual del doliente para entender mejor la necesidad y la prioridad que tiene al manifestar sus sentimientos, que a veces en el momento le es difícil de expresar.

- **Asumir la diversidad:** requiere entonces de parámetros claros del desarrollo normal de la personalidad de los dolientes y de la importancia de la variable cultural en el afrontamiento del duelo.

- **Acompañar la integralidad de la persona:** Se trata de que ayude a los miembros a encontrar sus propias soluciones a los problemas y no favorecer la dependencia hacia él.

El facilitador de grupos de apoyo para personas en duelo requiere un trabajo interior previo a la orientación grupal, que lo haya formado en la aceptación de sus pérdidas. Sólo si le abrimos un espacio a la muerte en nuestras vidas podemos fortalecernos y capacitarnos para ayudar a las personas en duelo. Dicho trabajo interior implica también que el orientador haya logrado tolerancia frente a la frustración, capacidad de empatía, de respeto y de aceptación de las diferencias individuales facilidad de comunicación y en general, buenas relaciones interpersonales.

Además de ser un facilitador, el líder es un modelo; así cuando comparte sinceramente sus sentimientos y reacciones sobre su participación en el grupo o sobre sus duelos, está modelando para el grupo al mostrarle que es legítimo sentir dolor, confusión, rabia etc. ante una situación dolorosa y/o dañina y que es importante expresarlo, debe invitar a quien pide apoyo o información, a que lo solicite al grupo y motivar a los participantes a responder, compartiendo sus sentimientos y experiencias. El orientador debe cuidarse de no buscar incisivamente la mejoría de los miembros del grupo. Cada persona tiene su ritmo y necesita tiempo para integrar una muerte a su realidad cotidiana y mientras lo logra podría parecer que el proceso se estanca.

Respondo la siguiente pregunta:

¿Qué es para mí, la muerte?

BENEFICIOS Y DIFICULTADES

EN UN GRUPO DE APOYO

BENEFICIOS EN UN GRUPO DE APOYO

Son grupos organizados de personas que se reúnen de forma periódica para ayudarse frente a un problema común a todos, en nuestro caso, la pérdida de un ser querido; debe tener un coordinador o líder quien es el que organiza las diversas actividades de participación de los dolientes en el proceso de sanación.

Esta interacción permite la expresión de dudas, miedos y emociones derivadas de su vivencia, en un entorno acogedor y donde va a encontrarse con otras personas que han pasado por lo mismo y van a comprenderse entre sí. Los grupos suelen estar dirigidos por individuos, que ha pasado por crisis similares y han realizado ya el proceso de sanción de la pérdida, ejerce de moderador y se dedica a que todos los miembros puedan expresarse libremente y por igual. O por personas que han recibido el llamado y una adecuada capacitación para llevar de manera fiel y organizada el manual para los participantes.

Los grupos de apoyo para la elaboración del duelo tienen efectos terapéuticos, que solo buscan trabajar el problema específico de la adaptación a la pérdida del ser querido, para lo cual es necesario producir cambios en las actitudes, relaciones, comportamientos, sentimientos, y situaciones particulares del doliente. Consideramos a continuación **algunos beneficios** del trabajo en grupos de apoyo:

- **Permite adquirir información y nuevas perspectivas:** Se comparte una gran cantidad de información que es reflejada por personas con diferentes modos de interpretar tanto la experiencia como la vida en general, permiten que sus componentes observen y contrasten los diferentes modos de pensar y actuar respecto a las situaciones de duelo de los demás miembros del grupo, puede servir incluso para incorporar nuevas conductas, estrategias de aceptación y confrontación a la propia vida, que hayan tenido éxito en otras personas.

- **Normaliza la situación y las experiencias derivadas de ella:** Encontrarse con otras personas con experiencias similares puede ser muy tranquilizador, pues permite ver que las propias reacciones son algo normal en determinadas situaciones y que las vivencias y sensaciones que se tienen han sido vividas y sentidas por otros, además permite bajar los niveles de ansiedad causados por auto culpa y censura.

- **Favorece la expresión emocional:** Disponer de la presencia de personas que han sufrido pérdida de un ser querido y están en situaciones parecidas a la propia, provoca que la persona pueda sentirse más libre y que pueda dejar salir y compartir las emociones y pensamientos, desbloqueando aspectos que ante otras personas son ocultados; como llanto, enojo, tristeza, miedo, soledad, desesperanza y vacío interior.

- **Permite establecer lazos y romper el aislamiento**: La asistencia a grupos de apoyo permite que personas con un problema concreto, puedan conocer a otros con experiencias semejantes y empezar a generar vínculos, provocando una apertura hacia el exterior, que por sí misma resulta llegar a ser terapéutica.

- **Estrechar la relación con Dios:** La fe en Dios es el principal factor de apoyo que facilita la creencia de una vida después de la muerte, compartir sus necesidades espirituales brinda dirección en el proceso de duelo, así la fe vivida en comunidad, se convierte en una herramienta de afrontamiento que genera sentimientos de esperanza, renovación interior y significado.

DIFICULTADES EN UN GRUPO DE APOYO

- Personas que monopolizan su intervención, restando importancia a la problemática de los otros, y sienten que su sentimiento es más doloroso que el de los demás.

- Personas que parece que en realidad no necesitan ayuda, y dan la impresión de tener todo resuelto.

- Personas que juzgan o critican los sentimientos o las intervenciones de los demás miembros.

- Personas que desarrollan crisis (Explicación en la siguiente sección)

- Personas que sufren de enfermedades mentales o desórdenes severos de la personalidad, que se exacerban en momentos de emoción intensa.

- Personas en adicción activa a algún tipo de drogas, puesto que la adicción impide la implicación y compromiso con el grupo.

MANEJO DE SITUACIONES DIFICILES

MANEJO DE SITUACIONES DIFICILES

El facilitador del grupo debe estar muy atento cuando en una intervención están emergiendo situaciones difíciles las cuales pueden ser; Ansiedad, crisis de pánico, o se depresión profunda, entre otras. Uno de los líderes se quedará y continuará con el grupo, mientras que el otro abordará la situación específica. Es importante que previamente se hayan puesto de acuerdo quien haría las intervenciones en estas situaciones difíciles.

En casos de ansiedad:

Se requiere usar orientación directa, con el fin de tomar responsabilidad y control de la situación temporalmente; el líder que se encargue de este caso específico deberá dar soporte de la siguiente manera:

Por ejemplo: "Quiero que ahora respire conmigo: muy bien: tome aire contando hasta tres, retenga en los pulmones contando hasta cuatro y exhale contando hasta cinco". Se deben usar las habilidades básicas de escucha, empatía, sinceridad y aceptación hasta lograr bajar la ansiedad y adquirir confianza nuevamente.

En crisis de pánico:

El apoyo psicológico (en algunos lugares llamado "primeros auxilios"), se trata de una opción de respuesta que se centra en:

- Inicialmente disminuir su nivel de ansiedad como lo explicado anteriormente; con control y manejo adecuado de la respiración.
- Dar apoyo emocional e instrumental (dirección de la respiración, oración, agua, entre otros)
- Brindar cuidados y apoyo práctico, no invasivo;
- Evaluar las necesidades inmediatas de la persona;
- Escucharla, pero no presionarla para que hable;
- Reconfortar a la persona y ayudarla a calmarse;

- Garantizar la seguridad de la persona, evitar que se haga daño físico, psicológico a si misma o a otros;
- Evaluar la situación para saber si se hace necesario otras estrategias de acción, como remisión a un profesional, o llamar a un familiar o acudiente de confianza.
- El objetivo inmediato es que la persona se sobreponga a corto plazo para lograr algo de equilibrio y estabilidad.

En casos de depresión profunda: La depresión está clasificada como un trastorno del estado de ánimo cuyas características principales son los sentimientos de tristeza prolongados, acompañados de pérdida de interés por las actividades cotidianas, inapetencia y pérdida de la esperanza, entre otros.

- Alentar a la persona para que se haga un chequeo con el médico; para elaborar un plan, con los pasos necesarios cuando sean necesario, según los síntomas.
- Recomendarle ver a un psicoterapeuta, como un asesor autorizado o un psicólogo.
- Adoptar pasos de autocuidado, como estar acompañado con alguien en casa mientras realiza la sesión de duelo, comer alimentos saludables, dormir lo suficiente y estar físicamente activo.
- Alentar la participación en actividades de la iglesia: Para muchas personas, la fe es un elemento importante para recuperarse de la depresión, ya sea a través de la participación en una comunidad o en las oraciones personales.

REGLAS GENERALES PARA EL GRUPO

REGLAS GENERALES PARA EL GRUPO

Aceptación de los miembros:

Asegurarse que todos los participantes estén conscientes que este es un proceso de sanación del duelo desde la profesión de la fe católica, en cuanto que, la persona que experimenta la pérdida le otorga significado y sentido a la misma. Se decide con anticipación el tamaño del grupo y los criterios de selección de los miembros.

Igualdad:

Todos los miembros del grupo tienen igual nivel de importancia y el mismo derecho a expresarse, no existiendo jerarquía entre ellos. En los grupos de apoyo se favorece la interacción y la cooperación, así como se potencia la asunción de ejercicios y responsabilidades para consigo mismo en cada uno de los miembros.

Establecer límites claros:

El líder debe poner límites, tanto para el tiempo de intervención como para el contenido de la sesión, la cual debe estar centrada en la agenda propuesta para el día, de igual manera para la expresión de sus emociones y la retroalimentación.

Confidencialidad:

El facilitador ayuda a construir un espacio seguro y confidencial donde las personas que asisten se sientan escuchadas y comprendidas; puedan expresar y compartir experiencias, sentimientos y emociones frente a otros que han sido afectados de manera similar. El espacio que ofrece el grupo de apoyo con la característica de la confidencialidad ayuda a romper con la vergüenza, la culpa, los miedos y la estigmatización, por lo tanto, se debe garantizar que todo lo que suceda en la sesión se quede y se resuelva allí.

"No salir al rescate"

En este punto es fundamental que se explique la importancia de no abrazar, no pasar pañuelos faciales, no interrumpir, no preguntar nada al respecto. La razón valiosa de esto es que hay personas que les cuesta entrar en la intimidad de sí mismos y expresarse de manera adecuada, o drenar sus sentimientos. En este proceso es muy importante tener esos espacios, de tal manera que, si alguien entra a interrumpir ese proceso, es posible que la persona se bloquee y no pueda continuarlo adecuadamente.

Respeto mutuo:

El proceso de sanación permite exponer los sentimientos de cada persona, hablar sobre ellos y sentir tristeza, ayuda a que las personas se desahoguen y reflexionen sobre su propia situación, se hace necesario afianzar los valores de la escucha y respeto de cada uno dentro y fuera de la sesión de encuentro.

METAS QUE PUEDO AYUDAR A ALCANZAR A MI GRUPO

METAS QUE PUEDO AYUDAR A ALCANZAR A MI GRUPO

El grupo de apoyo para el duelo brinda una gran oportunidad de crecimiento espiritual, ya que todo el proceso está cimentado sobre las bases de las Sagradas Escrituras y la fe católica, que dan significado a los sentimientos de angustia, culpa, temor y soledad generados por la pérdida. Este proceso de reflexión e introspección dirige a la persona a:

- Reexaminar sus creencias y prácticas religiosas personales con respecto a la vida y la muerte.
- Explorar su contribución a la comunidad y a la sociedad en general.
- Examinar sus relaciones en cuanto a sentimientos y comunicación con los familiares y demás allegados.
- Descubrir un sentido trascendental a la experiencia vivida y poderlo transmitir a otros.
- Ayudarle al doliente a comprender sentimientos que emergen y que son normales en el duelo, pero que muchas veces le resultan incomprensibles y/o en contra vía con sus principios o valores (rabia con la persona fallecida
-
- , por ejemplo).
- Aminorar la sensación de soledad del doliente.
- Propiciar la identificación y el desarrollo de actividades positivas para afrontar el duelo.
- Ampliar la red de apoyo social del doliente, mediante la disminución del sufrimiento se logre rescatar del disfrute de la vida, aunque siempre se conserve parte de la tristeza generada por la experiencia, la cual aflora ante algunos recuerdos.
- Propiciar en los miembros el resignificar su vida, devaluada generalmente desde la muerte del ser querido; esto implica apreciar más el contacto con quienes les rodean y los diversos momentos de la vida.

OBSTÁCULOS PARA LA SANACIÓN

OBSTÁCULOS PARA LA SANACIÓN

Enfocarse en otros aspectos:

Las sesiones grupales pueden estancarse en discusiones tangenciales o cuando un participante acapara la sesión sin respetar las normas previamente establecidas; a veces esto es consentido y hasta estimulado por los otros miembros pues los exime de la tensión de tener que participar, y de esta manera no tener que lidiar con el dolor de la pérdida.

Participantes con trastornos severos:

La sanación puede verse detenida en las personas con trastornos mentales o desórdenes severos de la personalidad, cuyas necesidades terapéuticas no van a poder ser atendidas adecuadamente por el grupo de apoyo. En este caso se requiere ser derivado a un profesional de la salud mental.

Participantes con ciertas adicciones:

El grupo no es adecuado para personas en adicción activa a algún tipo de drogas o de alcohol. El trabajo de duelo aumenta la sintomatología y el riesgo de aumento de consumo es alto. Por otra parte, la adicción impide la implicación y compromiso en el grupo.

No perdonar:

Negar el perdón a quienes cree culpables puede convertirse en uno de los grandes obstáculos para obtener resultados de sanación, por cuanto sus sentimientos siguen siendo negativos y dañinos.

No aceptar el perdón de Dios:

Podria generar más dolor y la persona puede continuar sintiéndose culpable.

Participantes con actitudes hostiles:

La actitud de creerse inferior o superior a los demás participantes, genera falta de compromiso con el proceso y poca valoración del dolor ajeno.

FORMATOS DE CONSENTIMIENTO

FORMATOS DE CONSENTIMIENTO

En esta sesión encontrará formas que le ayudarán a organizarse de mejor manera. Cada hoja adicional le proporcionará información a colectar o a ofrecer a los participantes del curso.

Todas las formas deben de ser llenadas en su totalidad, para mantener un récord del curso, se recomienda conservarlas en un archivo bien sea en la parroquia o en el ministerio de sanación del duelo.

Es necesario sacar fotocopias de cada una de las formas, según la cantidad de participantes.

CONSENTIMIENTO PARA TOMAR EL CURSO

Yo, _____ mayor de edad, en todas mis facultades físicas, mentales y emocionales. Confirmo que estoy tomando este curso con toda libertad. Entiendo que este curso está basado 100% en las Escrituras Bíblicas y en ejercicios con fundamentación católica. Que todos los ejercicios y tareas que se llevarán a cabo con mi absoluta disposición y consentimiento.

Para constancia de lo anterior, se firma directamente por el (la) participante activo del curso.

_____   _____   _____

Nombre del participante   Firma   Fecha

DATOS PERSONALES

Nombre completo _____ Edad _____

Dirección _____

Teléfono _____

Contacto de emergencia _____

Contacto de acompañamiento en la oración _____

Correo electrónico _____

_____   _____   _____
Nombre del participante   Firma   Fecha

COMPROMISO Y RESPONSABILIDADES

Yo _____, mayor de edad, en todas mis facultades físicas, mentales y emocionales. Me comprometo a cumplir con todos los requerimientos del curso. Entiendo que no estoy obligado (a) a realizar ninguna de las actividades, sin embargo, me han explicado y he comprendido a cabalidad, que cada una de las tareas, ejercicios y requerimientos son necesarios para mi sanación en el proceso del duelo. Por tanto, me comprometo a:

1. Ser puntual, tanto en las reuniones semanales como en alguna actividad extra que se acuerde en el grupo.

2. Completar al 100% las tareas semanales de la cartilla de trabajo.

3. Participar activamente cuando se requiera compartir experiencias. Tengo claro que todas las participaciones de mis compañeros y la mía misma, son absolutamente confidenciales.

4. Ser proactivo y diligente si me piden algún material extra. Entiendo que cada documento que firmo, objeto que comparto o actividad que realizo es necesario en el proceso, y por ello debo siempre de ser responsable con mi participación.

5. Informar si por fuerza mayor debo de abandonar el curso, dando una explicación tanto a mis líderes como a mis compañeros de curso. Comprendo que es necesario informar por respeto a quienes llevan el grupo y para evitar que mis compañeros de grupo se desanimen.

_____   _____   _____
Nombre del participante   Firma   Fecha

EVALUACIÓN DEL CURSO

1. ¿Qué es lo más valioso que te llevas de este curso?

2. ¿De qué forma contribuyó el curso a tu encuentro personal?

3. ¿Cuál fue el tema y la actividad que más te ayudo? ¿De qué manera?

4. ¿Cuál fue la mejor manera como te ayudaron tus líderes?

5. ¿Qué podemos mejorar en nuestro acompañamiento como líderes?

6. Deseas pertenecer a algún grupo y/o ministerio a través del cual puedas servir al Señor y crecer en comunidad? Si____ NO____Cual _____

Muchas gracias por tu participación en el curso de acompañamiento de duelo

Que Dios te bendiga hoy y siempre

RECOMENDACIONES

RECOMENDACIONES

Estas recomendaciones deben tenerse en cuenta antes de empezar el proceso, para constituir el grupo adecuadamente:

- Que haya por lo menos 2 líderes capacitados, por grupo.
- Firmar las hojas de consentimiento antes de empezar el curso.
- Llenar los datos personales, poner especial atención en la edad (Que sea mayor de edad) y en el contacto de emergencia.
- Hacer inscripciones previas, al menos dos semanas antes de iniciar el curso y completar las formas requeridas; por medio de esta, determinar personas con enfermedades mentales, en este caso deben de ser referidas a profesionales de la salud mental.
- En el momento de registrarse para el grupo, deberán comprometerse a informar si va a abandonar el grupo, (se hace por respeto a los líderes y demás participantes; ya que cuando algún miembro deja de manera abrupta un grupo, puede generar ansiedad y/o desánimo para continuar). También se compromete a tener un "contacto para oración": es una persona que le estará acompañando con oración durante el proceso del curso.
- Tener un mínimo de 3 participantes y un máximo de 7.
- Es un Grupo de Apoyo cerrado, (una vez inicia el curso, nadie más puede vincularse, hasta que se abra un nuevo grupo).
- Entre los materiales se debe tener en cuenta la provisión de pañuelos faciales en todos los encuentros.
- El tiempo para contar sus historias en la sesión #2, será de acuerdo con el tiempo total en que se reúne el grupo dividido por el número de participantes. Es importante que el tiempo de terminación del curso sea al menos tres semanas antes de la navidad.

- Para que los participantes inicien el curso, deben haber pasado al **menos 6 semanas de la pérdida.**
- Recordar en cada reunión la importancia de la CONFIDENCIALIDAD, y el compromiso que asumimos.

COMO PREPARARSE PARA LA JORNADA

COMO PREPARARSE PARA LA JORNADA

Preparase significa adquirir conocimientos básicos sobre el proceso de duelo, tener disposición mental para dar al grupo lo mejor de sí mismo, manifestar compromiso con la responsabilidad adquirida como líder en el proceso de acompañamiento.

Desarrollar la cualidad de escucha activa y la empatía que consiste en ponerse en el lugar del otro. Por tanto, acompañar de cualquier forma implica escucharlos y la mayoría de las veces responder con el silencio en lugar de hacer grandes discursos sobre ellos; fortalecer la humildad personal para poder llegar a brindar la ayuda esperada por los participantes en el proceso.

Adicional a esta preparación se requiere que el facilitador o líder del proceso realice las siguientes actividades:

1. Desde el momento de <u>pensar en la apertura de un grupo</u> se debe poner en oración y pedir a otras personas con quien tenga confianza le acompañe en oración. Le recomendamos orar por:

   a. Los líderes que llevarán el curso, para que Dios los guie en sabiduría, entrega y comprensión a los dolientes.

   b. Los participantes que vendrán al grupo. Para que tengan la apertura al Espíritu Santo, y desde el inicio se dejen guiar por el señor en todo su proceso de sanación.

   c. El lugar donde se reunirán, que tenga las características adecuadas, que sea un lugar cálido y seguro.

   d. Por el sacerdote que los acompañará, para que tenga suficiente apertura y empatía con los dolientes, y con las actividades que se han de desarrollar.

   e. Por el desarrollo del curso y por cada una de las actividades que se realizarán, para que penetren profundamente en los corazones de todos los participantes, y hallen consuelo a través del curso.

2. Preparación antes, durante y después del curso con Oración, Eucaristía, Confesión y Misa lo más posible. Recuerde que en este ministerio usted entra a ser parte del cuerpo sufriente de Jesús, acompañando a hermanos que están con un dolor profundo por la pérdida de sus seres queridos, (este puede llegar a ser un curso muy intenso, donde se expresan sentimientos de dolor muy profundos) por lo tanto es muy importante mantenerse en una común-unión con Cristo y los sacramentos.

3. Llegar 15 o 20 minutos antes de que inicie el curso para preparar la mesa. En ella se recomienda cubrir con un mantel, poner una imagen de la Santísima Virgen (con la advocación más venerada por la mayoría de los participantes), tener las cajas donde se van a ir poniendo cada semana los objetos de recuerdo que traerán los participantes (cada una marcada con la palabra recuerdos de, parentesco y el nombre del difunto, por ejemplo: Recuerdos de Mi papa Rafael – Mi hermano Julián – Mi amigo Esteban.

4. Haber leído y practicado tanto el manual de líderes, como la cartilla de trabajo, para tener en cuenta cual será el material de la reunión siguiente, las formas para firmar y materiales que necesite llevar.

5. Preparar la oración adecuada para la sesión, la que puede ser realizada por alguno de los líderes, o bien se le puede asignar a alguno de los participantes desde la sesión anterior, con el fin de que todos participen.

6. Tener hojas en blanco, una libreta y lapiceros extras.

7. Tener siempre cajas de pañuelos desechables y poner en diferentes puntos.

8. Tener siempre botellas de agua pequeñas.

DESARROLLO DE CADA REUNIÓN

DESARROLLO DE CADA REUNIÓN

Los grupos de apoyo suelen reunirse cada semana, en sesiones de una hora y media que siguen la siguiente estructura:

1. Llegar 15 o 30 minutos antes, y preparar la mesa.
2. Apertura de la sesión (saludo, oración y revisión de la semana)
3. Presentación del tema y participación colectiva.
4. Evaluación de la sesión por todos los participantes.
5. Cierre con resumen de la sesión y recordatorio de las tareas que deben realizar para el próximo encuentro.

Recuerda que en cada reunión debes estar atento sobre posibles referentes de alerta: Depresión profunda, ansiedad, o ataque de pánico, (ver Manejo de situaciones difíciles, en este manual)

Reunión No. 1

Aprendiendo sobre el duelo

1. Organizar la mesa media hora antes.

2. Iniciar con una oración.

3. Dinámica de conocerse: (Previamente elaborada) sugerimos teniendo en cuenta el tema, y el ambiente emocional, que simplemente digan su nombre, país de origen y parroquia a la que pertenecen.

4. Los líderes se presentan, dan introducción al curso, explican que están reunidos con un objetivo en común que es expresar el dolor de la pérdida de un *familiar importante.* Dicen que este es un lugar seguro donde pueden expresar sus sentimientos, sin temor a ser juzgados o criticados de ninguna manera, y que ustedes como líderes los acompañarán a procesar este duelo, a través de las próximas 11 semanas con la Palabra de Dios, su Presencia y sus Oraciones.

5. Revisar los documentos y las formas previamente firmadas, para pedirles a quienes les falte completar:
   a) Consentimiento para el curso
   b) Datos personales (poner especial cuidado en que sea mayor de edad, y tenga el contacto de emergencia)
   c) Compromiso de trabajo, participación y aviso previo si debe abandonar el grupo, dando las razones por las cuales se tiene que ausentar.

6. Explicación de la dinámica de las próximas semanas:
   a) Repartir el cuaderno de trabajo.
   b) Explicar las razones por las cuales cada semana ellos deberán completar las tareas de la reunión siguiente, la cual compartirán entre todos. Hacer

énfasis en la necesidad de participación, ya que el curso está diseñado principalmente para darle espacio de hablar sobre sus sentimientos y dolor, y eso precisamente es lo que le ayudará a procesar de manera adecuada su duelo.

c) Remarcar el compromiso de memorizar el versículo Bíblico de cada semana, el cual preguntarán al inicio y final de cada sesión.

d) Recordar que cada sesión se termina con una oración, es **opcional** si la hace el líder o los participantes, sugerimos que la oración tanto de inicio como de final de la reunión sea asignada a dos de los participantes una semana antes, para dar mayor participación y apertura).

7. Se entrega una hoja en blanco y un sobre, se pide que respondan a la siguiente pregunta: **¿Que espera alcanzar al final del curso?**
se explica que esta respuesta es confidencial, nadie la va a leer y, al finalizar el curso les serán devueltas, (esta hoja la guarda el líder y se las regresa en la última reunión, se espera que cada participante pueda reconocer cuanto ha trabajado el Señor en su vida durante este proceso).

8. Enseñar respiración abdominal: Se recomienda iniciar cada sesión con este tipo de respiración; al menos durante 3 a 5 minutos, y dependiendo de cómo se visualice el grupo, hacer el ejercicio también al finalizar la sesión).

9. Inicio de la sesión #1
Se empieza educando sobre lo que es el duelo y sus implicaciones. (Se recomienda leer los párrafos en voz alta, uno de los dolientes, puede hacerlo).

10. Después de leer y aprender entre todos sobre el duelo, hacer la pregunta que está al final del tema del duelo; en la primera reunión del manual.
¿En qué etapa del duelo cree usted que está en este momento?

Esta pregunta la responden de manera voluntaria, se recomienda no forzar a nadie a la participación en el primer día de reunión, sin embargo, si nadie lo quiere hacer, puede invitar a dos o tres personas, que se hayan mostrado más cómodas en el grupo.

11. Recordar la tarea para la reunión #2. Escribir la historia de la perdida. Al final de esta sesión encontrara indicaciones para los dolientes de su grupo de apoyo.

12. Pedir para la próxima reunión una foto del familiar fallecido. El tamaño deberá ser (hoja de papel 8.5 x 11)

13. A partir de este día y cada semana deben traer algún objeto que les recuerde a su familiar y que se pueda poner dentro de esa cajita (muestren las cajitas), estos recuerdos se coleccionan durante las siguientes semanas, y habrá un momento para hablar sobre ellos más adelante.

14. Leer el versículo e invitarlos a que lo memoricen.

15. Oración Final.

16. Asignar quien hará las oraciones en la próxima reunión. (En caso de que se defina tomar este modelo sugerido)

Material para la primera sesión:

1. Mesa.
2. Mantel.
3. Imagen de la Virgen.
4. Cajas (Donde pondrán los recuerdos).
5. Manual del líder.
6. Cartillas de trabajo.
7. Libreta para hacer apuntes.
8. Lapiceros.
9. Pañuelos faciales, al menos 3 cajas.
10. Sobres y hojas en blanco y para escribir lo que desean alcanzar del curso.
11. Formatos extras (por si llega alguien que no estaba inscrito previamente o por si alguien no las ha completado).

Instrucciones para Guiarles en Escribir la Historia personal.

Durante la segunda jornada usted tendrá la oportunidad de escribir la historia de su perdida. La escritura a mano es una forma terapéutica, que ayuda grandemente a procesar y a sanar.

Las heridas emocionales son iguales a las heridas físicas. Cuando una herida física se cierra por fuera sin haber sido desinfectada correctamente, se dice que esa herida sanó en falso o no sanó. Esa herida con seguridad le causará dolor, molestia, infección, y otro número de malestares. Cuando se trata de una herida emocional que se "tapa" sin haber sanado, esa herida igualmente le causará dolor, molestia, infección. Lo cual en términos emocionales se traduce a cambios de humor y/o cambios en el comportamiento a nivel general; debido a que esta herida que no se ha sanado, abrirá paso a su dolor y saldrá a la luz a través de otras emociones. Estas emociones regularmente no son muy amistosas ni saludables, ni para usted, ni para quienes le rodean.

A continuación, usted tendrá la oportunidad de realizar un ejercicio terapéutico grandemente eficiente. Siga por favor las instrucciones.

Es el momento de escribir la historia de su pérdida. déjese guiar por las siguientes preguntas, las cuales le ayudarán a tener una mayor estructura y le ayudarán a identificar asociados que incluso en la actualidad podrían estar siendo un problema consciente o inconsciente en su vida diaria.

Describa de manera cronológica (como usted mejor recuerde) desde el momento en que recibió la noticia de la muerte de su ser querido. Trate de recordar detalles como, por ejemplo. Que día era; si era un día de semana o fin de semana, si el día era soleado o lluvioso, que ropa tenía puesta, si usted estaba consumiendo algún alimento. Donde fue, con quien recibió la noticia. Cuál fue su reacción, como fue la reacción de la persona que le acompañaba.

¿Hablaron sobre algún tema? ¿Se dirigieron a algún lugar? ¿Como era ese lugar? ¿Como lucia, que color de paredes, había algún olor especifico? ¿Qué hizo después, fue a ver a la persona fallecida? ¿comió o bebió algo en el camino? Como se sintió el resto del día, y el día siguiente.

Trate de recordar con mayor detalle ese día. Sin embargo, si no recuerda muchos detalles, no se preocupe. Parte de lo que sucede inmediatamente después de recibir la noticia de una perdida. Es un shock que sufre la persona y le hace olvidar muchos detalles, no se aflija si usted es uno de ellos, esto le sucede a una gran parte de personas, que han sufrido una perdida. Y recuerde que también depende de como le dan la noticia y la manera en que falleció siempre puede producir más o menos impacto.

Reunión No. 2

Mi historia personal

1. Organizar la mesa media hora antes.

2. Oración inicial.

3. Respiración abdominal.

4. Recordar la importancia que cada persona se tome su tiempo para expresar sus sentimientos, por lo tanto, recordar 2 reglas fundamentales:
    - Confidencialidad,
    - No salir al rescate de nadie. (Ver explicación en las Reglas Generales)

5. El tiempo para contar sus historias, será de acuerdo con el tiempo total en que se reúne el grupo dividido por el número de participantes; lo ideal es que se tenga al menos 15 minutos para cada uno, todos deben participar y contar o leer su historia de pérdida, **prever el tiempo para que al final se pueda compartir como se sintieron** hablando al respecto y en esta parte no es necesario que todos hablen.

6. Recuerde, usted como líder en esta sesión debe identificar diferentes aspectos, tenga libreta y lapicero a la mano; escriba el nombre de cada participante cada vez que empiece a contar su historia; escriba, por ejemplo:
    - Si esta persona está en negación y cuáles son las señales, esto le permitirá a usted como líder identificar esos signos en la sesión No. 3
    - Personas con quienes muestra enojo; es posible que todavía para él o ella no sea tan evidente ese enojo; escriba los "culpables" de la muerte de su familiar,

incluso si es la sociedad o algo en general, esto le servirá para ayudarle en sesiones posteriores.

7. Dé inicio a las historias, pregunte primero si alguien desea empezar, si no hay voluntarios, escoja a alguien y en forma de pregunta sugiérale empezar, por ejemplo: "Isabel quisieras empezar tú?", este también es un buen momento para preguntar si trajo algún recuerdo, pídale que hable sobre ese recuerdo.

8. Cuando todos hayan finalizado, invíteles nuevamente a hacer la respiración abdominal. Dé gracias por su participación.

9. Ofrezca apoyo emocional, diga palabras como:

   "Entendemos lo doloroso que es este momento para ustedes"

   "Sabemos que es muy doloroso para ustedes, estamos aquí para acompañarlos en este proceso".

10. **Tiempo de compartir**. Pregunte como se sintieron compartiendo su historia. (recuerde que no es necesario que todos participen). Explore sentimientos, al final de cada intervención dé las gracias, termine este ejercicio con palabras de apoyo.

11. Invíteles a leer el versículo a memorizar, pregunte si alguien lo hizo, de lo contrario, léalo usted al menos dos veces. Haga una breve descripción del pasaje Bíblico, dando esperanza.

12. Recuérdeles lo que deben hacer para la próxima semana, lea cuidadosamente la sesión 3 para que vaya preparado y les hable antes de finalizar sobre lo que deben realizar.

13. Invítelos a hacer la oración final.

Reunión No. 3

La Negación

1. Organizar la mesa media hora antes.

2. Oración inicial.

3. Respiración abdominal.

4. Recordar la importancia que cada persona se tome su tiempo para expresar sus sentimientos, por lo tanto, recordar 2 reglas fundamentales:
   - Confidencialidad.
   - No salir al rescate de nadie. (Ver explicación en las Reglas Generales)

5. En esta reunión se entra de lleno a las etapas de duelo; la primera es **la negación**, una vez se haya hecho la apertura del grupo, se da inicio a leer acerca de la negación; es muy importante que usted se prepare bien sobre este tema, por si surgen preguntas o para que usted dé ejemplos que ayuden al participante a identificar si ha estado en negación. Las historias que escuchó la semana anterior le ayudarán a reconocer síntomas de negación; haga referencia a esos ejemplos de manera directa a cada participante, de acuerdo con las notas que usted tomó en la sesión # 2. Recuerde que la negación es el inicio de la sanación, y que cada persona tomará su tiempo; la oración y la unción del Espíritu Santo irá llevando a cada uno a salir de la negación a su ritmo y en su momento.

6. Objetivo de la sesión (solo para líderes)
   Ayudarle al participante a emprender un camino de aceptación; todos los versículos que leerá en esta sesión son para ayudarle a comprender y sentirse identificado con personajes que vivieron situaciones parecidas, sin embargo,

pudieron expresar su dolor, este acompañamiento es sólo el principio por tanto no quiera acelerar el proceso de ningún doliente; si alguien está incómodo porque siente que no está alcanzando los objetivos, disminuya su presión, siendo escucha activo y dejándole saber que todo tiene un tiempo. Aprenda este versículo que seguro le servirá en diferentes momentos del curso: *Eclesiastés 3:1-8*

7. Lean y compartan los versículos de esta sesión, pero principalmente concéntrese en las experiencias de vida a partir de dichos versículos.

8. Cuando todos hayan finalizado, invíteles nuevamente a hacer la respiración abdominal.

9. De gracias por su participación.

10. Ofrezca apoyo emocional, diga palabras como:
 "La negación es algo que no parece, pero es doloroso por eso precisamente lo negamos". "Todos estamos aquí para ustedes".

11. Pregunte como se sintieron compartiendo sus experiencias, (recuerde que no es necesario que todos participen). Explore sentimientos, al final de cada intervención dé las gracias y diga unas palabras de apoyo nuevamente si es necesario. Pregunte si alguien trajo algún recuerdo que pondrá en su cajita.

12. Invíteles a leer el versículo a memorizar, pregunte si alguien lo hizo, de lo contrario, léalo usted al menos dos veces, haga una breve descripción del pasaje Bíblico, dando esperanza.

13. Recuérdeles lo que deben hacer para la próxima semana; para esto, estudie con anticipación la sesión siguiente y motívelos a realizar los ejercicios propuestos, enfatice en la importancia de esto sobre su proceso de sanación.

14. Invítelos a hacer la oración final.

Reunión No. 4

La Depresión

1. Organizar la mesa media hora antes.

2. Oración inicial.

3. Respiración abdominal.

4. Enfatizar en la importancia que cada persona se tome su tiempo para expresar sus sentimientos. Por lo tanto, recordar 2 reglas fundamentales:
   - Confidencialidad.
   - No salir al rescate de nadie. (Ver explicación en las Reglas Generales).

5. Objetivo de la sesión (solo para líderes):
   Ayudarle al participante a desahogar sus sentimientos de tristeza y dolor; en esta sesión se debe tener especial cuidado al desarrollo de catarsis, crisis de ansiedad, duelos patológicos u otros problemas no resueltos que pueden necesitar ayuda profesional. El líder debe ayudar al doliente a centrarse en el duelo y en el desahogo por la pérdida, pues podría sacar a relucir problemas previos que se tenían con el fallecido y generar otras emociones; con amor y paciencia redireccione a esta persona a concentrarse en el duelo que les ha reunido.
   Si bien es importante que el participante se desahogue, es posible que aproveche esta sesión y deje desbordar sus sentimientos de tal manera que afecte el buen desarrollo de la sesión, por tanto, esté preparado en cómo lidiar con estos casos. (Lea en Manejo de Situaciones Difíciles, en este mismo texto, como manejar estos casos especiales).

   Otra parte del objetivo es que los participantes manifiesten cómo cada cultura o entorno familiar permite la expresión de su dolor; hay familias a las que no les es fácil hablar sobre la muerte y, por ejemplo, no se han dado la oportunidad de hablar sobre lo que les gustaría para sí mismo en su sepelio y esto les puede generar confusión emocional; de acuerdo con sus costumbres socioculturales, económicas y familiares tendrán una forma particular de vivir el duelo; así las tuvieron los personajes de la Biblia en su cultura y su época.

6. Es un momento adecuado para que el líder del grupo aclare que más adelante tendrán la oportunidad y el espacio para honrar a su familiar de una manera especial.

7. Lean y compartan los versículos de esta sesión, pero sobre todo concéntrese en las experiencias de vida a partir de dichos versículos.

8. Cuando todos hayan finalizado, invíteles nuevamente a hacer la respiración abdominal.

9. Dé gracias por su participación.

10. Ofrezca apoyo emocional, diga palabras como: ***"Es súper importante que tengan este momento de desahogo". "Saben que este lugar es confidencial y te apoyamos en tus sentimientos"***

11. Tiempo de compartir, pregunte como se sintieron compartiendo sus experiencias. (recuerde que no es necesario que todos participen).

12. Explore sentimientos y emociones y al final de cada intervención dé las gracias.

13. Al final de este ejercicio brinde una palabra de apoyo nuevamente si es necesario, y pregunte si alguien trajo algún recuerdo que pondrá en su cajita.

14. Invíteles a leer el versículo a memorizar, pregunte si alguien lo hizo, de lo contrario, léalo usted al menos dos veces, haga una breve descripción del pasaje Bíblico dando esperanza.

15. Recuérdeles lo que deben hacer para la próxima semana; para esto, estudie con anticipación la sesión siguiente y motívelos a realizar los ejercicios propuestos, enfatice en la importancia de esto sobre su proceso de sanación. Explique que al final de la próxima sesión se les pedirá escribir unas cartas de enojo, las que pueden ir elaborando en la semana.

16. Invítelos a hacer la oración final.

Reunión No. 5

El Enojo y la Culpa

1. Organizar la mesa media hora antes.

2. Oración inicial.

3. Respiración abdominal.

4. Enfatizar en la importancia que cada persona se tome su tiempo para expresar sus sentimientos, recordar 2 reglas fundamentales:
   Confidencialidad
   No salir al rescate de nadie.   (Ver explicación en las Reglas Generales)

5. Objetivo de la sesión (solo para líderes)
   Ayudar al participante a identificar a las personas con quienes se siente enojado; revise los apuntes que tomó cuando esa persona hizo la narración de su historia en la sesión 2. Ayúdele a entender que el enojo y la culpa son procesos normales dentro del duelo y que no son pecado, permítale relacionar esos sentimientos de enojo y culpa con personajes reales, para que aprenda a aceptarlos de una forma saludable a nivel físico, emocional y espiritual.

6. Lean y compartan los versículos de esta sesión, pero sobre todo concéntrese en las experiencias de vida a partir de dichos versículos.

7. Invíteles a leer las cartas que escribieron a las personas con quienes se sienten enojados, no es necesario que se lean todas las cartas debido al corto tiempo que se tiene, pídales que escojan al menos aquella carta que hizo a la persona con que más enojada se siente, es importante que todos participen, sin embargo, no es recomendable forzar a nadie.

8. Cuando todos hayan finalizado, invíteles nuevamente a hacer la respiración abdominal.

9. Dé gracias por su participación.

10. Ofrezca apoyo emocional, diga palabras como: **"Me alegra que se puedan desahogar". "Son muy valientes al compartir"**

11. Tiempo de compartir, pregunte como se sintieron compartiendo sus experiencias, (recuerde que no es necesario que todos participen), explore algunos sentimientos, al final de cada intervención dé las gracias, brinde palabras de apoyo nuevamente si es necesario, y pregunte si alguien trajo algún recuerdo que pondrá en su cajita.

12. Invíteles a leer el versículo a memorizar, pregunte si alguien lo hizo, de lo contrario, léalo usted al menos dos veces, haga una breve descripción del pasaje Bíblico dando esperanza.

13. Recuérdeles lo que deben hacer para la próxima semana; para esto, estudie con anticipación la sesión siguiente, y expresen al grupo lo que deben realizar, haga especial énfasis en las **cartas de perdón** que cada uno debe traer escritas, enfatice en la importancia de cada ejercicio para su camino de sanación.

14. Oración final.

Reunión No. 6
El Perdón (1ra parte)

1. Organizar la mesa media hora antes.

2. Oración inicial

3. Respiración abdominal.

4. Recordar lo importante que cada persona se tome su tiempo para expresar sus sentimientos, por lo tanto, recordar 2 reglas fundamentales:
    - Confidencialidad.
    - No salir al rescate de nadie.   (Ver explicación en las Reglas Generales)

5. Objetivo de la sesión (solo para líderes): ser consciente del valor del perdón, desmitificar las ideas erróneas del perdón y aprender a perdonar.

6. Lean y compartan los versículos de esta sesión, pero sobre todo concéntrese en las experiencias de vida a partir de dichos versículos.

7. Invíteles a leer las cartas que escribieron, no es necesario que se lean todas las cartas debido al corto tiempo que se tiene, pídales que escojan al menos una, es importante que todos participen, sin embargo, no es recomendable forzar a nadie.

8. Ejercicio: ***"Que no es Perdón. Qué es Perdón" (ver al final de este capítulo)***

9. Cuando todos hayan finalizado, invíteles nuevamente a hacer la respiración abdominal.

10. Dé gracias por su participación.

11. Tiempo de compartir, indague cómo se sintieron compartiendo sus experiencias y sobre el ejercicio del perdón expresen que les hizo "eco", es decir que aprendieron. En este ejercicio **SI** es necesario que todos participen, usted como líder debe explorar sentimientos. Al final de cada intervención dé las gracias.

12. Brinde palabras de apoyo nuevamente si es necesario, pregunte si alguien trajo algún recuerdo que pondrá en su cajita.

13. Invíteles a leer el versículo a memorizar, pregunte si alguien lo hizo, de lo contrario, léalo usted al menos dos veces, haga una breve descripción del pasaje Bíblico, dando esperanza.

14. Recuérdeles lo que deben hacer para la próxima semana, estudie con anticipación la sesión siguiente y motívelos sobre el tema próximo como algo supremamente importante para su sanación, para que NADIE FALTE, se trabajará el perdón de sí mismo.

15. Invítelos a hacer la oración final.

EJERCICIO

QUE NO ES PERDON - QUE ES PERDON
(este ejercicio se hará en la reunión #6)

Se les indicará que, en su hoja de trabajo, (la cual tienen en su cuaderno de trabajo) deben escribir lo que ustedes le van a dictar, el objetivo de este ejercicio es que ellos se concienticen lo qué es realmente **el perdón**, y por consiguiente desmitificar ciertas creencias erróneas; la escritura manual ayuda a entrar en el consciente del ser humano, y permite que se adopte como real esta nueva creencia.

PERDON NO ES

- Esforzarse por olvidar lo que pasó.
- Negar la ofensa recibida.
- Dejar que el tiempo borre lo ocurrido.
- Apartar al ofensor de su vida.
- Ignorar lo que pasó o ser indiferente hacia ello.
- Simplemente disculpar a alguien.
- Decir te perdono, sin haber perdonado de corazón, sin sanar la herida.

PERDON ES

- Cancelar la deuda pendiente.
- Soltar a la persona por el daño que causó.
- Soltar la ofensa.
- Tener compasión.
- Tomar la decisión de perdonarle como un ACTO DE VOLUNTAD.
- Ser como Cristo.
- Una gracia

Mateo 18:27-35

Reunión No. 7
El Perdón (2da parte)

1. Organizar la mesa, media hora antes.

2. Oración inicial.

3. Respiración abdominal.

4. Enfatizar en la importancia que cada persona se tome su tiempo para expresar sus sentimientos, por lo tanto, recordar 2 reglas fundamentales:
   Confidencialidad.
   No salir al rescate de nadie.   (Ver explicación en las Reglas Generales)

5. Objetivo de la sesión (solo para líderes)
   Aprender el verdadero significado de la culpa; comprender la importancia de entregarla a Dios, aceptar el perdón de Dios, sentirse liberado de la carga de la culpa.

6. Leer y compartir los versículos de esta sesión, pero sobre todo concentrarse en las experiencias de vida a partir de dichos versículos.

7. Invíteles a hacer el ejercicio que está al final de esta sesión, cómo les afecta negativa y positivamente la falta de perdón en las diferentes áreas de su vida.

8. Pregúnteles si se sienten listos para perdonar y recibir el perdón; haga referencia a la próxima reunión en la cual vivirán una experiencia de perdón; si alguien le manifiesta no estar listo, recuerde el versículo **Eclesiastés 3:1-8, i**nvítelo a venir, aunque no participe totalmente de la reunión. (Sin embargo, no le diga que

no va a participar, es muy probable que el estar allí, sienta el deseo de perdonar y sentirse perdonado), dígale que su presencia es importante para sus compañeros.

9. Cuando todos hayan finalizado, invíteles nuevamente a hacer la respiración abdominal.

10. Dé gracias por su participación.

11. Tiempo de compartir, pregunte como se sintieron hablando de sus experiencias, (recuerde que no es necesario que todos participen) explore algunos sentimientos, al final de cada intervención, dé las gracias y brinde palabras de apoyo nuevamente si es necesario, pregunte si alguien trajo algún recuerdo que pondrá en su cajita.

12. Invíteles a leer el versículo a memorizar, pregunte si alguien lo hizo, de lo contrario, léalo usted al menos dos veces.; haga una breve descripción del pasaje Bíblico, dando esperanza.

13. Recuérdeles lo que deben hacer para la próxima semana, estudie con anticipación la sesión siguiente, y explique lo que deben traer hecho para el próximo encuentro, **recordar traer las cartas escritas a mano.**

14. Invítelos a hacer la oración final.

Reunión No. 8
El perdón (3ra parte)

<u>Ejercicio simbólico: "Entregando a Jesús"</u>

Se debe hacer frente al Santísimo o a un Crucifijo

Nota: Antes de que empiece la hora santa, cada participante deberá ser atado con un lazo.

1. Entrar en oración dirigida por los líderes.

2. Después de la oración dar espacio para que cada persona, pase al frente del Santísimo y entregue sus cartas de enojo, incluyendo la carta a sí mismo, si su mayor carga era de culpa.

3. Al entregar las cartas. (Dar tiempo personal para oración y entrega, acompañar con música de fondo en vivo o grabada).

4. Al que entregue las cartas de enojo se le desatarán los lazos con que están atados, como símbolo de libertad.

5. Una vez todos hayan participado, cerrar con oración y canción de alabanza y liberación.

Nota. En caso de que alguien no haya querido entregar las cartas, le sugerimos que:

- Haga énfasis en el tiempo que cada persona requiere, (cada persona es diferente) no se debe juzga, por el contrario, ofrecer empatía y comprensión.

- Recuérdele que se seguirá orando para que Dios le dé la gracia, déjele saber que, si en algún otro momento durante el transcurso del curso se siente listo para entregar las cartas, usted como líder estará dispuesto para terminar con él o ella el ejercicio anterior.

- Debe organizar la noche para realizar este ejercicio para esa persona.

Reunión No. 9

La Aceptación

1. Organizar la mesa, media hora antes.

2. Oración inicial.

3. Respiración abdominal.

4. Enfatizar en la importancia que cada persona se tome su tiempo para expresar sus sentimientos, por lo tanto, recordar 2 reglas fundamentales:
   Confidencialidad.
   No salir al rescate de nadie (ver explicación en las Reglas Generales)

5. Objetivo de la sesión (solo para líderes)
   En esta sesión los participantes realizan el ejercicio simbólico ***"Espacio imaginario sagrado"***, basado en el evangelio de San Juan 14:2:
   "En la casa de mi Padre hay muchas habitaciones, de no ser así, no les habría dicho que voy a prepararles un lugar."
   Este ejercicio les ayudará a visualizar a sus familiares y pasar un tiempo con ellos, lo cual contribuye a aceptar que ellos están en un lugar mejor, que se encuentran con Jesús. El "Espacio Imaginario Sagrado" es parte de Catholic Imagination O Catholic mindfulness (en inglés) lo cual se refiere a vivir la experiencia de entrar en la presencia absoluta de Jesús. Por obra del Espíritu Santo, la persona guiada, abre la mente y el corazón completamente al que se hace presente: **Jesús**, y todo su ser entra en ese "Espacio Imaginario Sagrado" donde puede vivir las escrituras de la mano de Jesús, por obra de su Santo Espíritu.

** Es importante que se explique este referente antes de realizar el ejercicio**

6. Lean y compartan los versículos de esta sesión, pero sobre todo concéntrense en las experiencias de vida a partir de dichos textos.

7. Ejercicio: *"Espacio Sagrado Imaginario"*. (será dirigido por los líderes) Tenga en cuenta, al menos 1 hora para la realización de este ejercicio y su socialización, después de realizado. (El texto se encuentra al final)

8. Dé gracias por su participación.

9. Tiempo de compartir, pregunte como se sintieron realizando este ejercicio. (recuerde que no es necesario que todos participen), explore sentimientos, y al finalizar cada intervención dé las gracias, puede hacer las siguientes preguntas: ¿Pudieron visualizar, ¿cómo vieron a su familiar, cómo se sintieron, cómo se sienten ahora, pueden compartir su experiencia?

10. Al finalizar esta parte, brinde palabras de apoyo nuevamente si es necesario, y pregunte si alguien trajo algún recuerdo que pondrá en su cajita.

11. Repasen el versículo a memorizar, pregunte si alguien lo hizo, de lo contrario, léalo usted al menos dos veces, haga una breve descripción del pasaje Bíblico, dando esperanza.

12. Recuérdeles lo que deben hacer para la próxima semana, relacionado con el **Servicio Conmemorativo,** lea con anticipación y explique al grupo lo que deben traer preparado.
Explique cuál es el sentido del servicio Conmemorativo. (lea los objetivos de la siguiente sesión, para que esté preparado.

13. Invítelos a hacer la oración final.

Ejercicio "Espacio Imaginario Sagrado"

Basado en el evangelio de San Juan 14:2

"En la casa de mi Padre hay muchas habitaciones. De no ser así, no les habría dicho que voy a prepararles un lugar."

Invite a los participantes a que se pongan cómodos en sus asientos. Pídales que suelten todo lo que tengan en la mano. Explíqueles que van a hacer un ejercicio muy importante y necesitarán de toda su disposición. Explique también que deberán tener sus ojos cerrados, durante el ejercicio. Déjeles saber que empezarán con una oración y ejercicios de respiración abdominal, para que puedan relajarse y concentrarse mejor en el ejercicio.

RECUERDE, el ejercicio debe de hacerse con voz clara, suave y pausada. Ponga música de fondo suave. Puede ser de la naturaleza

Empecemos:

Respira profundamente: inhala y exhala, mientras inhalas recibe la presencia de Jesús, y exhala tus miedos.

Inhala el amor de Jesús y deja que invada completamente todo tu ser, y exhala tus angustias.

Inhala la paz de Jesús, y exhala tu dolor.

Inhala la sanación de Jesús y exhala todos tus sentimientos que te agobian.

Inhala a Jesús y quédate con él, mientras el mismo Jesús te acompaña a entrar en las profundidades de tus sentimientos.

Visualiza ahora un lugar lleno de naturaleza, donde sientes mucha paz y frescura. Caminas por ese lugar, te sientes seguro, confiado y mientras caminas sale a tu encuentro Jesús. Él te recibe con una sonrisa amable y llena de ternura, tú te sientes feliz de poder verle.

Ahora que Jesús está contigo, te invita a dar un paseo, mientras caminan juntos, tú le hablas acerca de todo este proceso que has estado llevando, háblale sobre lo que has aprendido, sobre las dificultades que has tenido y sobre todo, háblale sobre tu dolor, cuéntale a Jesús cuanto extrañas a tu ser querido, habla con Jesús sobre tus sentimientos.

*** DE UNOS MINUTOS EN SILENCIO***

Jesús, te escucha con mucha atención, puedes ver en sus ojos que comprende tu dolor, te mira con ternura y amor, Jesús asiente sobre tus sentimientos y te dice:

"Yo sé exactamente cómo te sientes, y sé que te duele, por eso yo mismo quiero consolarte, con la Palabra de esperanza que dejé para ti y todos mis hermanos:

San Juan 14:2 *"En la casa de mi Padre hay muchas habitaciones. De no ser así, no les habría dicho que voy a prepararles un lugar."*

Quiero que sepas que así dispuse para tu _____ (Aquí por favor mencione a cada uno de los familiares por parentesco, ejemplo: **así dispuse para** tu papá, tu hermano, tu amigo, tu madre, tus padres, etc.), una habitación, un lugar en el reino de mi padre, quiero que sepas que está feliz, que yo personalmente y mi madre Santísima cuidamos de él (ella), que ahora goza de la plenitud de la vida eterna.

Continue con el relato

Jesús te invita a ver a tu ser querido, caminan hacia un lugar muy bello, puedes ver que es el paraíso, ese sitio donde el prometió que hay muchas habitaciones, donde recibe a quienes ha llamado a su presencia.

Tú puedes ver desde lejos a _____ (Aquí por favor mencione a cada uno de los familiares por parentesco, ejemplo: **así dispuse para** tu papá, tu hermano, tu amigo, tu madre, tus padres, etc.) ves que es feliz, ves que está tranquilo (a), que goza de buena salud, que está gozoso (a).

Jesús hace un gesto con su mano invitándote a acercarte a tu _____ (familiar) y te dice que te dará un tiempo para que puedan pasar juntos.

Tú te acercas, tú corazón rebosa de felicidad al verle feliz, quieres decirle cuanto le amas, cuanto le extrañas y cuan feliz te hace verle, y verle feliz. Quedate con el (ella) y hablale, de todo aquello que has querido decirle por todo este tiempo de ausencia. Hablale de tus alegrías, de tus tristezas, de que has hecho nuevo, también deja que el (ella te cuente), como se siente, preguntale,

*** DE UNOS MINUTOS EN SILENCIO***

Rompa el silencio y continúe con el ejercicio.

Ahora Jesús se acerca a ti, tú ves esa hermosa y tierna sonrisa de Jesús, Él te dice que ya es tiempo, tú tienes un momento más para abrazar y despedirte de tu _____ (familiar), aunque sientes tristeza de dejarle, sientes también alegría, ahora has visto que está en un lugar hermoso, que es feliz, que está bien y que desde donde está ora por ti y por toda la familia.

Jesús te toma de la mano y caminan juntos de regreso.

Jesús Te toma de ambas manos y te dice: recuerda mi palabra en

Proverbios 13:12: *"La esperanza frustrada aflige al corazón; el deseo cumplido es un árbol de vida"*

Jesús te dice: *"hoy he cumplido tu deseo de verle, de que sepas cómo está*

tu _____ (familiar), ahora quiero para ti que tu vida sea

como un árbol de vid, que siga dando frutos para mi reino"

Caminan juntos, Jesús te acompaña de regreso, te abraza tiernamente y te dice:

recuerda que "Yo estaré con ustedes hasta el final de los tiempos", Jesús te sonríe y

empieza a alejarse de ti.

Ves a Jesús regresar y tú también regresas aquí.

DAR TIEMPO PARA QUE CADA UNO SE INCORPORE, EN SU TIEMPO

Reunión No. 10

Misa o servicio Conmemorativo

Lea cuidadosamente y recuérdeles lo que deben traer realizado para este encuentro. Para el servicio conmemorativo, le pedimos a cada uno de los dolientes:

1.   Escriba una carta a su ser querido fallecido, piense qué le diría en este día, esta carta será leída en un momento específico del servicio. (El Sacerdote le indicará cuando hacerlo)

2.   Usted ha venido colectando en una cajita diferentes objetos que le recuerdan a su ser querido, va a escoger al menos 3 objetos, que depositará en la caja y será sellada para siempre.

3.   Deberá tener una matera grande con tierra y una planta para ser sembrada, puede ser de flores, o la que a usted más le guste, o la que a su familiar más le gustaba.

4.   En el servicio conmemorativo, habrá un espacio para que usted ponga esa cajita con los objetos, dentro de la matera, estos objetos quedarán enterrados en la matera y sembrará la planta, que crecerá y florecerá en algún momento, representando la vida eterna de su familiar junto al Señor en el cielo.

Para la misa o el servicio conmemorativo ustedes como líderes deben haber organizado todo el servicio con anterioridad, déjenle saber exactamente al sacerdote de qué manera se llevará a cabo cada uno de los detalles, para que el sacerdote los apruebe y no interfiera con el acto litúrgico, en caso de que se realice una misa; este servicio es abierto tanto para los participantes como para sus familiares y amigos.

5. Objetivo de la sesión (solo para líderes). En esta sesión especifica hay 2 objetivos según el doliente.

5.1. El primer objetivo, es educar sobre la teología que difunde la Iglesia católica, sobre las 3 iglesias (Triunfante – quienes están en el cielo con Dios, Purgante –

quienes están en el purgatorio, Militante- Quienes están en la tierra) Y específicamente que, en la Misa, se unen estas tres iglesias, de tal forma que la manera más cercana de estar cerca de mi ser querido es asistir a la misa, con devoción y agradecimiento a Dios por el regalo de la vida en cualquiera de los 3 estados.

5.2 El segundo objetivo de esta sesión es ayudar a través de la Misa o el servicio conmemorativo a que el participante tenga la oportunidad de "desprenderse", entregar a su ser querido y hacer un acto simbólico de lo que hubiese sido su entierro.

Por semanas ellos han venido colectando objetos que les recuerda a su familiar y depositados en una caja; en la misa o el servicio conmemorativo, ellos tendrán la oportunidad de escoger al menos 3 de esos objetos, los cuales se enterrarán en una matera, como símbolo de desprendimiento físico de su familiar.

PREVIAMENTE ORGANIZADO:

Antes del día del servicio usted deberá:

A. Haber definido sobre lo que hará para adquirir las materas: si el ministerio, la parroquia o los participantes se harán cargo de comprar las materas y las matas, o por el contrario se pudiera también colectar el dinero entre todos y los líderes pueden hacer la compra.

B. Se recomienda que se compren matas que estén un poco crecidas, esto les garantiza que la planta se adhiera y crezca, lo cual ayuda al doliente a visualizar con esperanza.

C. Las fotografías de los difuntos, **deberá ponerlas en marcos iguales**, al lado de cada matera. (Ustedes definen si se hacen a través de algún tipo de trípode o en una mesa).

D. Haga una agenda de cómo se irá llevando a cabo el servicio, póngase de acuerdo con el sacerdote.

E. Recuerde dejar un espacio para que cada participante pueda leer la carta que le ha hecho a su familiar.

F. Comparta con los participantes y los familiares la agenda, es importante que ellos sepan cómo se irá desarrollando el servicio.

G. De tiempo suficiente para el momento de enterrar las cajitas con los recuerdos, deben hacerlo uno a uno y esperar que se sientan mejor y regresen a su puesto, (este también es un buen momento para leer sus cartas) esto lo definen con su párroco o el sacerdote que llevará a cabo la misa o el servicio conmemorativo.

H. Dé gracias por su participación.

I. Ofrezca palabras de pésame, consuelo y esperanza.

6. Tiempo de compartir: este espacio lo tendrán en la próxima reunión, después del servicio cada participante volverá a casa, lo más probable es que sea un momento intensamente emocional, puesto que pueden sentir nuevamente el vacío que dejó su familiar, todo esto es normal y es indispensable que ellos lo vivan a plenitud. Es posible que necesite un poco de descanso del trabajo o escuela, déjeles saber con anterioridad que es recomendable que se tome ese tiempo para que pueda procesar sus sentimientos.

7. Recuérdeles lo que deben hacer para la próxima semana, prepare cuidadosamente la sesión siguiente y recomiende lo que deben hacer.

8. Tenga listo para la próxima sesión:

*** Hoja adicional – Ministerios de servicio y evaluación del curso***

Reunión No. 11

Continuando con la sanación

1. Organizar la mesa, media hora antes.

2. Oración inicial.

3. Respiración abdominal.

4. Recordar la importancia que cada persona se tome su tiempo para expresar sus sentimientos, por lo tanto, recordar 2 reglas fundamentales:
Confidencialidad.
No salir al rescate de nadie.   (ver explicación en las Reglas Generales)

5. Objetivo de la sesión (solo para líderes)
En esta sesión hay versículos de esperanza, este curso ha contribuido quizá un 50, 60 u 80% en su sanación, sin embargo, su servicio, su unión a Dios y a la Iglesia, les ayudará a avanzar en el proceso.

6. Lean y compartan los versículos de esta sesión, pero sobre todo concéntrese en las experiencias de vida a partir de dichos textos.

7. Cuando todos hayan finalizado, invíteles nuevamente a hacer la respiración abdominal.

8. Dé gracias por su participación.

9. Tiempo de compartir: pregunte como se han sentido después del servicio fúnebre, haga preguntas como: ¿Cómo ha sido tu semana, ¿cómo te sientes por haber realizado el servicio, ¿qué fue lo más impactante?
*** En este espacio si es importante que todos participen***

10. Explore sentimientos: apruebe y normalice sus sentimientos, al final de cada intervención dé las gracias.

11. Ofrezca apoyo y anime a continuar su sanación, si alguien se muestra enojado o desanimado, pensando que sus avances de sanación se diluyeron con el servicio conmemorativo, instrúyalos; déjeles saber que es normal que se sientan así, anímelos a repasar el manual y sobre todo a centrarse en las promesas esperanzadoras de Dios.

12. Entregue la hoja de los ministerios de la parroquia, e invíteles a participar en alguno de ellos, refuerce la importancia de continuar con su sanación, eso surgirá en la medida en que continúe con el vínculo que ha venido forjando su corazón y el corazón de Cristo durante las pasadas semanas, cree la inquietud de participar como colíder en un nuevo curso y posteriormente como líder y ayudar a otras personas.

13. Invíteles a leer el versículo a memorizar. Pregunte si alguien lo hizo, de lo contrario, léalo usted, al menos dos veces, haga una breve descripción del pasaje Bíblico, dando esperanza.

14. Haga la evaluación final del curso.
15. Prepárelos para la próxima jornada que será el cierre del curso, haga arreglos con anterioridad.
16. Invítelos a hacer la oración final.

Reunión No. 12

Misa de cierre

Es muy importante hacer un cierre del curso con la bendición del sacerdote de su parroquia; previamente usted como líder debe haber hecho arreglos para que asistan a una misa juntos, en esta Eucaristía es importante que:

1. Pida al sacerdote que renueven sus promesas bautismales.
2. Pida al sacerdote una bendición especial a quienes tomaron el curso de sanación de duelo, donde se envía a cada uno a continuar su proceso a través del servicio y en lo posible en la vinculación a algún ministerio de la parroquia.

Una vez concluida la misa, se les invita a tener un compartir.

Durante 11 semanas se han reunido como grupo, donde se han hecho vínculos afectivos, puesto que se han compartido espacios de dolor, sentimientos muy profundos, se han mostrado vulnerables unos con otros y sobre todo porque la persona se siente comprendida, por lo tanto, se recomienda que tengan un espacio de esparcimiento y de compartir fuera del contexto del duelo.

Los líderes se pondrán de acuerdo con los participantes en cómo llevar a cabo esta actividad, recuérdeles que no es obligatorio, sin embargo, será muy importante que, así como todos empezaron juntos, han llorado juntos y han compartido sus historias de dolor, puedan tener ese compartir juntos; pero si alguien no desea participar, no lo obligue delante del grupo, muéstrese comprensivo, pero indague la razón de manera privada, es posible que haya algo que le incomode y es bueno que usted tenga el espacio de brindar apoyo a su necesidad.

*** Entregar a cada participante el sobre con la hoja que escribieron en la sesión No.1 ***

– "Que espera recibir del curso" –

Mensaje para Lideres

Querido y apreciado líder, ante todo quiero darle las gracias por su entrega y amor. Ser llamado a este ministerio de dolor, es un gran privilegio. Usted le dio su Si al señor, y ha pasado a ser sus manos que abrazan y sirven, su corazón que ama, su voz que da paz, y con la cual derrama el bálsamo de Dios sobre el corazón de los dolientes que Dios mismo le confió. Hoy usted ha terminado este camino, seguramente también se siente exhausto, su corazón también tuvo grandes batallas y retos en el transcurso de las semanas anteriores. Fue la fuerza de Dios la que le mantuvo y le dio la gracia de seguir adelante, por ello, Dios está feliz con su obra, está feliz con su Si, pero sobre todo está feliz por dejarse tomar en sus manos como un pincel, mientras el escribía la historia de salvación de sus dolientes. El hoy quiere decirle, que, a través de este servicio, Él también ha estado escribiendo su historia de salvación. Amar a quienes están rotos, servirles y acogerlos, es el mayor regalo que usted pudo darle al señor.

Mateo 25:40
El Rey les responderá: "En verdad les digo que en cuanto lo hicieron a uno de estos hermanos Míos, *aun a* los más pequeños, a Mí lo hicieron".

Durante las pasadas semanas, ha consolado, abrazado, educado, ayudado, orientado, con amor a cada uno de estos pequeños. Gracias. Gracias por ser parte de su historia de salvación y de mi historia de salvación. Claudia Bermeo–Grajales.

Agradecimientos

Agradezco infinitamente al autor de la vida, Nuestro amado Padre Celestial en el nombre de su hijo Jesús, quien, a través del Espíritu Santo, me otorgó la gracia de elaborar estos manuales para ayudar en el proceso de un duelo adecuado de la mano de Dios mismo.

Gracias a Libia Rodríguez, Psicóloga y consejera católica quien colaboró con la realización del manual de líderes, a través de su aporte profesional, su carisma y deseo genuino de ayuda y apoyo a quienes atraviesan por el dolor de la pérdida.

Gracias a mi esposo Jaime Bermeo, y a mis hijos Juan Sebastián y Luisa María, quienes, con su apoyo y oraciones, me esperaron después de trabajar extensas jornadas en la elaboración de este manual y su cuaderno de trabajo. Compartieron ideas, me escucharon en momentos de cansancio y estuvieron ahí para mí todo el tiempo.

Gracias a quienes me acompañaron con sus oraciones para que este proyecto se llevara a cabo. Ellas continúan orando para que se den frutos abundantes a quienes la usan, como herramienta de sanación: Hna. Alexandra Bonilla, y Cristina Grajales

Doy gracias a quienes han creído y apoyado el proyecto, siendo parte del equipo tanto de profesores como de líderes, quienes ya han abierto sus grupos de apoyo, y de quienes he recibido apoyo, esperanza y ánimo de seguir adelante con este proyecto del Señor.

Gracias a quienes me compartieron sus historias de dolor por sus pérdidas, e inspiraron la realización tanto de los manuales como del curso de sanación.

Referencias

- Todos los textos de las escrituras Bíblicas empleados fueron tomados de: La Biblia Latinoamericana y Biblia de Jerusalén.

- Manual diagnóstico y estadístico de las enfermedades mentales DSMV

- Conceptos sobre el liderazgo, y demás aspectos fundamentales para el manejo del grupo y del manual. Fueron desarrolladas según los conocimientos profesionales de la autora Claudia Bermeo-Grajales y su colaboradora la psicóloga Libia Rodríguez.

Biografía de la Autora

Claudia Bermeo – Grajales LMHC, M. Ed, Psicoterapeuta,

Consejera Clínica Católica.

Claudia Bermeo- Grajales es la autora del presente manual y un cuaderno de trabajo práctico que tiene como objetivo ayudar en el proceso del duelo de una manera saludable y segura. A través de conceptos claros y concretos sobre el duelo a nivel psicológico y de las Sagradas Escrituras como fuente de vida espiritual; Claudia Bermeo-Grajales ha elaborado este manual para líderes que deseen y tengan las condiciones básicas para ayudar a otros en su proceso de duelo. Tanto el manual para Líderes, como el cuaderno de trabajo están elaboradas de tal manera que ayuden al participante que ha sufrido la pérdida, no solo a procesar su duelo, sino a practicar la fe católica a través de los sacramentos, oración, actos de misericordia, rituales propios de la fe y ejercicios psicoeducativos y prácticos que le ayudarán en el proceso.

Claudia Bermeo-Grajales tiene licencia en salud mental y psicoterapia del estado de la Florida, Maestría en Educación, Guía y Consejería de la universidad Turabo de Puerto Rico. Especialización en desarrollo humano.
Claudia Bermeo – Grajales ha sido docente universitaria con amplia experiencia en el desarrollo humano. Tiene una vasta experiencia en su práctica profesional en el manejo del duelo. Durante 12 años ha participado dando apoyo psicoterapéutico a personas con pedidas de un ser querido a nivel individual y grupal. Siempre ha llevado su práctica terapéutica fusionando la psicología y la fe católica, como herramienta fundamental y definitiva en los procesos terapéuticos, ya que está convencida que solo a través de Jesucristo se recibe la verdadera sanación.

"El Espíritu del Señor omnipotente está sobre
mí,
por cuanto me ha ungido
para anunciar buenas nuevas a los pobres.
Me ha enviado a sanar los corazones heridos,
a proclamar liberación a los cautivos
y libertad a los prisioneros"

Isaías 61:1

www.ingramcontent.com/pod-product-compliance
Lightning Source LLC
Chambersburg PA
CBHW080648270326

41928CB00017B/3229